兵棋推演术语手册

主　编	郑　然	邹　渝		
编　者	邹　渝	郑　然	张　伟	
	曹　琦	余　漩	杜　江	
	肖　斌	田　竞	王文政	
	张诗楠	钟　蔚	起国云	

西北工业大学出版社

西　安

【内容简介】 本书着眼于兵棋推演领域发展动态,结合国内外兵棋推演专著、手册、术语,参考建模仿真术语、军事术语,对兵棋推演领域的术语进行了系统归纳。书中内容主要包括缩略语和术语两大部分。

本书可作为从事兵棋推演研究和开发人员的术语指南,也可作为兵棋推演参与者的学习工具,还可为广大从事兵棋推演理论研究和工程技术人员提供术语参考,作为相关专业教学的辅助参考用书;特别是针对全国兵棋推演大赛参与者,相当比例参赛者缺乏专业的兵棋推演术语规范,在推演战报比赛环节,可作为培训用工具书。

图书在版编目(CIP)数据

兵棋推演术语手册 / 郑然,邹渝主编. — 西安:
西北工业大学出版社,2023.8
ISBN 978-7-5612-8885-6

Ⅰ.①兵… Ⅱ.①郑… ②邹… Ⅲ.①图上作业-对抗性演习-术语-手册 Ⅳ.①E13-62

中国国家版本馆 CIP 数据核字(2023)第 168527 号

BINGQI TUIYAN SHUYU SHOUCE
兵 棋 推 演 术 语 手 册
郑然 邹渝 主编

责任编辑:张 潼			策划编辑:杨 军	
责任校对:孙 倩			装帧设计:董晓伟	
出版发行:西北工业大学出版社				
通信地址:西安市友谊西路 127 号			邮编:710072	
电 话:(029)88491757,88493844				
网 址:www.nwpup.com				
印 刷 者:兴平市博闻印务有限公司				
开 本:720 mm×1 020 mm			1/16	
印 张:4.25				
字 数:79 千字				
版 次:2023 年 8 月第 1 版			2023 年 8 月第 1 次印刷	
书 号:ISBN 978-7-5612-8885-6				
定 价:28.00 元				

如有印装问题请与出版社联系调换

前言

兵棋推演具有悠久的历史,是研究战争的重要方法和手段,有导演战争的"魔术师"之称。1811年,普鲁士宫廷战争顾问冯·莱斯维茨提出现代兵棋的基本要素:地图、推演棋子、规则、概率表和骰子。20世纪末,随着计算机技术的发展,计算机兵棋得到快速发展,广泛应用于战略、战役、战术各个层级的作战推演中,在应急救援、公共卫生、工商管理领域也有着广泛应用。

兵棋推演作为一种有效的推演方法和手段,被越来越多的国家所重视,许多国家都成立了专门的兵棋推演机构,用以实施兵棋推演。随着兵棋推演实践的深入,兵棋推演与作战术语成为兵棋推演学习者所要了解掌握的基本内容。邓尼根的《完全兵棋推演手册》、美国陆军战争学院的《战略兵棋推演系列手册》、英国国防部《兵棋手册》等相关专著,在术语规范方面都做了很多有益的工作。

本书在系统梳理国内外兵棋推演术语与作战术语的基础上,对相关术语进行了整理和规范,以期为兵棋推演学习者、研究者和实践者提供一定的参考遵循依据,同时可为兵棋推演领域教学提供一定的参考。

在编写本书的过程中,得到了陆军装甲兵学院、陆军军医大学、陆军步兵学院和陆军研究院等单位的大力支持,同时借鉴了兵棋推演领域相关权威专著,在此对上述院校的领导和同行,以及参考文献的学者和作者一并表示感谢。

由于兵棋推演涉及多个学科领域的知识,作战术语也随着技术的发展不断更新,加之笔者理论与专业知识有限,书中疏漏之处在所难免,敬请广大读者和专家批评指正。

编　者

2023 年 4 月 17 日

目录

1 缩略语 ·· 1
   1.1   缩略语 A ·· 1
   1.2   缩略语 B ·· 2
   1.3   缩略语 C ·· 3
   1.4   缩略语 D ·· 4
   1.5   缩略语 E ·· 4
   1.6   缩略语 F ·· 5
   1.7   缩略语 G ·· 5
   1.8   缩略语 H ·· 6
   1.9   缩略语 I ··· 6
   1.10   缩略语 J ··· 6
   1.11   缩略语 L ··· 7
   1.12   缩略语 M ··· 7
   1.13   缩略语 N ·· 8
   1.14   缩略语 O ·· 8
   1.15   缩略语 P ·· 9
   1.16   缩略语 Q ·· 9
   1.17   缩略语 R ··· 10
   1.18   缩略语 S ··· 10
   1.19   缩略语 T ··· 11
   1.20   缩略语 U ··· 11

1.21	缩略语 V	12
1.22	缩略语 W	12
1.23	缩略语 Z	12

2 术语 ·· 13

2.1	术语 A	13
2.2	术语 B	16
2.3	术语 C	18
2.4	术语 D	22
2.5	术语 E	24
2.6	术语 F	25
2.7	术语 G	26
2.8	术语 H	31
2.9	术语 I	32
2.10	术语 K	33
2.11	术语 L	34
2.12	术语 M	35
2.13	术语 N	38
2.14	术语 O	40
2.15	术语 P	41
2.16	术语 R	43
2.17	术语 S	46
2.18	术语 T	52
2.19	术语 U	55
2.20	术语 V	57
2.21	术语 W	57
2.22	术语 Y	59
2.23	术语 Z	59

参考文献 ··· 61

1　缩略语

1.1　缩略语 A

缩略语	英文全称	中文释义
AA	Assembly Area, Avenue of Approach	集结区,接近路
AADC	Area Air Defense Commander	区域防空指挥官
AADP	Area Air Defense Plan	区域防空计划
ABCT	Armored Brigade Combat Team	装甲旅战斗队
AC	Active Component	现役部队
ACA	Airspace Control Authority, Airspace Coordination Area	空域管制官,空域协调区
ACT	Activity	活动
ADP	Army Doctrine Publication	陆军条令出版物
ADRP	Army Doctrine Reference Publication	陆军条令参考出版物
AFB	Air Force Base	空军基地
AFI	Air Force Instruction	空军指令
AFMAN	Air Force Manual	空军手册
AFSB	Army Field Support Brigade	陆军野战支援旅
AFTTP	Air Force Tactics, Techniques, and Procedures	空军战术、技术与程序
AGO	Air-Ground Operations	空对地作战
AHS	Army Health System	陆军卫生系统
ALO	Air Liaison Officer	航空联络官

续表

缩略语	英文全称	中文释义
ALSA	Air Land Sea Application Center	空陆海应用中心
ALT	Alternate	备用
AO	Area of Operations	作战地域
AOA	Amphibious Objective Area	两栖作战目标区域
AOC	Air Operations Center	空中作战中心
AOR	Srea of Responsibility	责任区
AOI	Srea of Interest	关注地域
APOD	Aerial Port of Debarkation	空运卸载港
APOE	Aerial Port of Embarkation	空运启运港
APORT	Aerial Port	航空港
ATO	Air Tasking Order	空中任务命令
ATP	Army Techniques Publication	陆军技术出版物
ATS	Air Traffic Service	空中交通勤务

1.2　缩略语 B

缩略语	英文全称	中文释义
BAE	Brigade Aviation Element	旅航空兵分队
BCT	Brigade Combat Team	旅战斗队
BDA	Battle Damage Assessment	战损评估
BHL	Battle Handover Line	战斗移交线
BHO	Battle Handover	战斗移交
BI	Battle Injury	战斗负伤
BN	Battalion	营
BNML	Battalion Military Liaison	营军事联络

续表

缩略语	英文全称	中文释义
BP	Battle Position	战斗阵地
BSA	Brigade Support Area	旅保障区域
BSB	Brigade Support Battalion	旅保障援营
BZ	Buffer Zone	缓冲区

1.3　缩略语 C

缩略语	英文全称	中文释义
CAB	Combined Arms Battalion, Combat Aviation Brigade	合成营,战斗航空营
CAP Team	Capture, Assessment, and Production Team	察觉、评估和处理小组
COA	Concept of Action	行动方案
CCMD	Combatant Command	作战司令部
CCP	Casualty Collection Point	集伤点
CIO	Chief Information Officer	首席信息官
CMD	Command	命令,司令部
COA	Course of Action	行动方案,行动过程
CONOPS	Concept of Operations	作战构想
COS	Chief of Staff	参谋长
CRSP	Centralized Receiving and Shipping Point	集中接受和运送点
CRT	Combat Results Table	战斗结果表
CSAR	Combat Search and Rescue	战场搜救
CSR	Controlled Supply Rate	控制补给率
CW	Chemical Warfare	化学战

1.4 缩略语 D

缩略语	英文全称	中文释义
DC	Dislocated Civilian	流离失所平民
DCA	Defensive Counterair	防御性制空
DCAT Team	Data Collection and Analysis Team	数据采集和分析小组
DCO-RA	Defensive Cyberspace Operation Response Action	网络空间防御作战——应对行动
DNBI	Disease and Nonbattle Injury	疾病和非战斗负伤
DS	Direct Support	直接支援
DZ	Drop Zone	空投场

1.5 缩略语 E

缩略语	英文全称	中文释义
EA	Engagement Area, Electronic Attack, Executive Agent	交战地区,拦截区;电子攻击,执行代理人
EAB	Echelons Above Brigade	旅级与旅以上层级
EC	Enemy Combatant	敌战斗人员
EO	Executive Officer	执行官
EP	Electronic Protection	电子防护
EPW	Enemy Prisoner of War	敌战俘
EW	Early Warning	早期预警

1.6　缩略语 F

缩略语	英文全称	中文释义
FOS	Forward Operating Site	前方行动场地
FP	Force Protection	部队防护
FPCON	Force Protection Condition	部队防护状态
FPF	Final Protective Fire	最后拦阻火力
FPL	Final Protective Line	最后拦阻线
FRAGORD	Fragmentary Order	补充命令
FS	Fire Support	火力支援
FSA	Fire Support Area	火力支援区
FSC	Forward Support Company	火力支援连
FSCC	Fire Support Coordination Center	火力支援协调中心
FSCL	Fire Support Coordination Line	火力支援协调线
FSCM	Fire Support Coordination Measure	火力支援协调措施

1.7　缩略语 G

缩略语	英文全称	中文释义
GARS	Global Area Reference System	全球区域基准系统
GBI	Ground-Based Interceptor	陆基拦截器
GBMD	Global Ballistic Missile Defense	全球弹道导弹防御
GEOINT	Geospatial Intelligence	地理空间情报
GFM	Global Force Management	全球兵力管理
GIG	Global Information Grid	全球信息栅格

1.8　缩略语 H

缩略语	英文全称	中文释义
HR	Human Resources	人力资源
HRF	Homeland Response Force	国土反应部队
HRP	High Risk Personnel	高危人群
HQ	Headquarters	司令部,总部
HVI	High-Value Individual	高价值人员
HVT	High-Value Target	高价值目标
HW	Hazardous Waste	危险废物
IED	Improvised Explosive Device	简易爆炸装置

1.9　缩略语 I

缩略语	英文全称	中文释义
IO	Information Operations	信息作战
IP	Initial Position	初始位置

1.10　缩略语 J

缩略语	英文全称	中文释义
JDDOC	Joint Deployment and Distribution Operations Center	联合部署与分发行动中心
JEZ	Joint Engagement Zone	联合攻击区
JFACC	Joint Force Air Component Commander	联合职能司令部
JFC	Joint Force Commander	联合部队指挥官
JFCC-IMD	Joint Functional Component Command for Integrated Missile Defense	一体化导弹防御联合职能司令部

续表

缩略语	英文全称	中文释义
JFE	Joint Fires Element	联合火力组
JFLCC	Joint Force Land Component Commander	联合部队地面力量指挥官
JFMCC	Joint Force Maritime Component Commander	联合部队海上力量指挥官
JOA	Joint Operations Area	联合作战区域
JOC	Joint Operations Center	联合作战中心
JPRC	Joint Personnel Recovery Center	人员营救联合中心
KBC	Kill Box Coordinator	杀伤箱协调员
KIA	Killed in Action	阵亡

1.11　缩略语 L

缩略语	英文全称	中文释义
LD	Line of Departure	出发线
LOC	Line of Communications	交通线
LOE	Line of Effort	行动线
LOO	Line of Operation	作战线
LOS	Line of Sight	瞄准线、视线
LZ	Landing Zone	着陆区,登陆区

1.12　缩略语 M

缩略语	英文全称	中文释义
MASCAL	Mass Casualty	大量伤亡人员
MBA	Main Battle Area	主要作战区域
M&S	Modeling and Simulation	建模与仿真

续表

缩略语	英文全称	中文释义
MCS	Maneuver Control System	机动控制系统
MCT	Movement Control Team	运送控制小组
MEDEVAC	Medical Evacuation	医疗后送
MILDEC	Military Deception	军事欺骗
MUM－T	Manned Unmanned Teaming	有人无人混分编队

1.13　缩略语 N

缩略语	英文全称	中文释义
NAI	Named Area of Interest	指定关注地域
NEO	Noncombatant Evacuation Operations	非战斗人员撤离行动
NGO	Nongovernmental Organization	非政府组织

1.14　缩略语 O

缩略语	英文全称	中文释义
O&M	Operation and Maintenance	使用与维修
OA	Objective Area, Operational Area	目标地域,作战区域
OAKOC	Observation and Fields of Fire, Avenues of Approach, Key Terrain, Obstacles, and Cover and Concealment ＜Military Aspects of Terrain＞	观察与射界、接近路、关键地形、障碍物和遮蔽物与隐蔽物(军事地形方面)
OB	Order of Battle	战斗序列
OCA	Offensive Counterair	进攻性制空
OE	Operational Environment	作战环境
OIC	Officer in Charge	指挥官,主管军官

续表

缩略语	英文全称	中文释义
OPCON	Operational Control	作战控制
OPLAN	Operation Plan	作战计划
OPORD	Operation Order	作战命令
OPSEC	Operations Security	作战安全
OPTEMPO	Operating Tempo	作战节奏
OSC	On-Scene Commander	现场指挥官

1.15　缩略语 P

缩略语	英文全称	中文释义
PE	Preparation of The Environment	环境准备
PL	Phase Line	调整线
PLB	Personal Locator Beacon	人员示位信标
PLD	Probable Line of Deployment	预定展开线
PLT	Platoon	排
POC	Point of Contact	联络点,联络人
POD	Port of Debarkation	卸载港口
POE	Port of Embarkation	启运港口
POW	Prisoner of War	战俘
PR	Personnel Recovery	人员营救

1.16　缩略语 Q

缩略语	英文全称	中文释义
QRF	Quick Reaction Force	快速反应部队

1.17 缩略语 R

缩略语	英文全称	中文释义
R&S	Reconnaissance and Surveillance	侦察与监视
RECON	Reconnaissance	侦察
RFF	Request for Forces	（提供）兵力请求
ROZ	Restricted Operations Zone	限制活动区
RPG	Rocket Propelled Grenade	肩扛式反坦克火箭弹
RUF	Rules for The Use of Force	武力使用规则

1.18 缩略语 S

缩略语	英文全称	中文释义
SACC	Supporting Arms Coordination Center	支援火力协调中心
SADC	Sector Air Defense Commander	分区防空指挥官
SALUTE	Size, Activity, Location, Unit, Time, and Equipment	规模、活动、位置、部队、时间和装备
SARDOT	Search and Rescue Point	搜救联络点
SF	Special Forces	特种部队
SO	Special Operations	特种作战
SP	Start Point	出发点
SPINS	Special Instructions	特别指令
SPOD	Seaport of Debarkation	卸载海港
SPOE	Seaport of Embarkation	启运海港
SPOTREP	Spot Report	现场报告
SR	Special Reconnaissance	特种侦察

续表

缩略语	英文全称	中文释义
SROE	Standing Rules of Engagement	现行交战规则
SWO	Staff Weather Officer	气象参谋

1.19　缩略语 T

缩略语	英文全称	中文释义
TA	Target Acquisition, Target Audience, Threat Assessment	目标捕捉,目标受众,威胁评估
TAA	Tactical Assembly Area	战术集结地域
TACLAN	Tactical Local Area Network	战术局域网
TACON	Tactical Control	战术控制
TACP	Tactical Air Control Party	战术航空兵控制组
TBM	Theater Ballistic Missile	战区弹道导弹
TO	Theater of Operations	作战区
TOF	Time of Flight	飞行时间
TOW	Tube Launched, Optically Tracked, Wire Guided	管式发射、光学跟踪、线性制导导弹(简称"陶"式导弹)
TRP	Target Reference Point	目标参考点
TST	Time Sensitive Target	时敏目标

1.20　缩略语 U

缩略语	英文全称	中文释义
UA	Unmanned Aircraft	无人机

1.21 缩略语 V

缩略语	英文全称	中文释义
VBIED	Vehicle-Borne Improvised Explosive Device	车载简易爆炸装置
VI	Visual Information	可视信息
VRC	Vehicle Radio Communication	车载无线电通信
VSAT	Very Small Aperture Terminal	甚小孔径卫星终端

1.22 缩略语 W

缩略语	英文全称	中文释义
WARNORD	Warning Order	预先号令
WEZ	Weapon Engagement Zone	武器攻击区
WMD	Weapons of Mass Destruction	大规模杀伤性武器

1.23 缩略语 Z

缩略语	英文全称	中文释义
ZF	Zone of Fire	射击地带

2 术　　语

2.1　术语 A

2.1.1　Abstraction(抽象)

- 兵棋推演中的重要概念,指将一个历史事件中的复杂过程大幅简化为兵棋中的类似事件。
- 指在一次仿真中选择一些基本方面,展现为一个模型,同时排除那些与该模型或模拟目标无关内容的过程。

2.1.2　Action Officer(推演总指挥)

- 官方指定代表,负责兵棋推演的开发和实施。
- 被指派负责兵棋推演开发和实施的兵棋推演参与者。

2.1.3　Adjudication(裁决)

裁决指决定兵棋推演结果的行为。此术语描述了在兵棋中裁决双方交互结果的过程。一名兵棋推演的控制员或裁判员作为公正的裁定人。"评定(assessment)"一词经常与"裁决(adjudication)"互换使用。裁决方式有 4 种:自由裁决、半自由裁决、刚性裁决和协商裁决。

2.1.4　Administration Brief(管理简报)

管理简报是介绍兵棋推演的重要行政管理细节的简报。管理简报应明确的主题有兵棋推演日程、人身安全和信息安全规定、个人电子设备管理规定(如照相机、手机、掌上电脑、内存卡、笔记本电脑等)、公共事务、归因/非归因策略、社交事务、互联网接入、紧急联络流程与个人信息处理、一份地图(标明:参演人员席位位置、行政和安全办公室、自动售货机、餐厅和休息室、紧急疏散信息、车辆停放位置和规定)。

2.1.5 Aggregated Force(兵力集合)

兵力集合指由一个单独的标号、模型或部队,代表由两个或以上单位组成的一支实际部队。

2.1.6 Alpha Test(α测试,阿尔法测试)

α测试是一种概念事件的验证,目的是在开发前或投入大量精力改进设计之前,针对研制目标检验兵棋系统设计的准确性。该测试通常用于设计阶段。

2.1.7 Alternative Futures Game(可替换前景推演)

可替换前景推演是一种推演方法,是向参演者展示采用几种不同想定下进行的一场行动。通过提出不同的可替换性前景,参演者可尽力辨别出、演化出制定前景的那些关键指标。参演者的反应结果会在不同的想定中进行比较。

2.1.8 Analysis(分析)

- 指通过详细研究某一争议或问题各部分进行的系统性研究。
- 定性分析:对参演者所制定的决策或所采取的行动价值的主观评价,结论是通过非数值分析手段得出的。

2.1.9 Analytic Wargame(分析型推演)

分析型推演指一种为了最大限度地发挥有效分析作用,而设计并进行的兵棋推演方式。

2.1.10 Analytical Wargame (解析型推演)

- 指在预先定义的约束条件下,进行竞争性、情境化决策制定的行为,目的是深入了解复杂的、适应性的、交互式的和认知性的系统。
- 指一种为了获取信息而使用的兵棋推演方式。该信息通常用于辅助军事指挥官和作战官制定决策信息。同时解析型推演也是一种为获得可用于协助主办者制定决策的信息而采用的推演方法。

2.1.11 Archiving (存档)

存档指通过对兵棋推演整个生命周期产生的参演团队进行数字化归档,通常在完成推演项目后进行。

2.1.12 Areas of Interest（关注领域）

关注领域亦称为关注主题，是指主办方或相关方，希望参演者在兵棋推演中处置的有关特定领域或问题的次级目标。达成关注领域的内容并不是兵棋推演成功的关键，但是如果可行，关注领域会包含在兵棋设计中。对关注领域应进行审查，如有可能，还应包括在问卷调查和线下小组讨论中。

2.1.13 Assessment（评估）

• 一种基于对态势的掌握而对某些事物做出的定性判断，是对与总体任务完成情况有关的行动效果的确定。

• 一种从兵棋推演结果中吸取教训的定性过程。

2.1.14 Assessment Wargame（评估性推演）

评估性推演指一种为了获取可用于辅助兵棋推演主办方、军事指挥官和作战官制定决策所需信息而进行的兵棋推演。

2.1.15 Assumptions（想定）

想定指为设定或假设某事物是真实的而采取的行为（见推演想定）。

注：想定可以公布或不公布（即假设）。在制订计划和进行推演中，未公布的想定通常会引起较多麻烦。为一项计划、一个概念、作战构想等而进行的一次兵棋推演，应确定和限定其公布和不公布想定的正确性。

2.1.16 Assistant CAP Team Leader（CAP 副组长）

CAP 副组长是 CAP 小组（识别、评估、处置）组长的助手。副组长的主要职责是确保收集和保存所有相关材料、简报和数据，同时在 CAP 组长指示下履行其他职责。

2.1.17 Attrition（损耗/消耗）

损耗/消耗指人员与/或装备损失。损失通常包括永久性的（死亡/沉没）和暂时性的（疾病、负伤/故障、战斗毁伤）。

2.1.18 Attrition（消耗战）

消耗战指通过对敌人造成严重消耗来获得优势的一种战争方式。

2.1.19 Assumption（假定）

假定是一种对当前形势的假想或对未来事件进程的预设。假定通常在制定应对未来的想定中发挥作用。

2.2　术语 B

2.2.1 Basic Research（基础研究）

基础研究指基于现象和可观察事实来获取新知识，主要以实验性或理论性进行的工作，没有任何特定的用途。与基础研究相比，兵棋是应用研究的一种形式。

2.2.2 Battle Book（作战手册）

作战手册指一种兵棋推演报告，是兵棋推演相关材料的汇编，包括访谈、参考资料、简报、报告等。内容因兵棋推演的目的和受众而异。

2.2.3 Battle Damage Assessment（战斗毁伤评估）

战斗毁伤评估指由物理和功能性毁伤评定以及目标系统评定组成的毁伤测算，由致命或非致命性武器导致，也称为战损评估（BDA）。

2.2.4 Beta Test（β测试）

β测试指第一次将所开发的兵棋推演完全整合为一个整体，包括参演人员、过程和技术。β测试用于测试阶段末期。

2.2.5 Black Swan（黑天鹅）

"黑天鹅"理论是一个隐喻，它描述了一个突然发生的，具有重大影响的事件，并且在事后认识中往往被不恰当地做合理化解释。"黑天鹅"事件是无法预测的，不是因为它罕见，而是因为它是如此寻常。重要的不是事件，而是事件发生时的系统状态。系统的复杂性使风险成倍增加。系统越复杂，一个完全寻常的事件就越有可能导致系统灾难性崩溃。我们无法预测的不是"黑天鹅"事件,而是与系统本身的复杂性有关的风险。"黑天鹅"事件是一类适合用兵棋推演的方法应对的问题。

2.2.6　Blue Cell(蓝方小组)

蓝方小组也叫蓝方团队、蓝方席位。美军指在兵棋推演中代表"友军"一方的团队(或参演人员)。与他们相对的为红方团队或灰方团队。

注:"灰方团队"是美国空军兵棋推演研究所在学员们双方对抗时使用的术语。

2.2.7　Board Game / Wargame(图上推演)

图上推演也称棋盘推演,是指一种在类似国际象棋的棋盘上进行的手动推演,也称为图上演习。通常是使用一个推演海图来表示作战区域。〔若干算子(通常是硬卡片)、打印的规则/表格、手动随机数发生器(骰子)和一个真人对手进行的兵棋推演。〕

2.2.8　Boardgame Counters(图上推演算子)

图上推演算子通常为在兵棋地图上移动的卡片小方块,用以代表军团、军队部/分队或单个作战人员。

2.2.9　Branch Plan(分支计划)

分支计划是对主计划的补充,如果符合所预料的条件则启动。

2.2.10　Branches and Sequels(分支与后续)

在计划制订过程中(且尤其在明确的兵棋推演各步骤中),分支和后续是指满足一定条件后的计划。

2.2.11　Break Points(断点)

断点指使部队失去战斗力或溃逃的伤亡水平。

2.2.12　Briefs(简报)

兵棋推演的生命周期中使用几种类型简报,描述兵棋推演中的简要情况和结果。

2.3 术语 C

2.3.1 Consensus Adjudication(协商裁决)

协商裁决指由集体意见进行裁决的方法。以协商方式裁决通常意味着对抗双方和裁判员径共同努力达成一致意见。在分析型或可分析型兵棋推演中,对抗双方和裁判员之间达成共识的讨论,可以产生有价值的数据。参演者所定决策背后的原因和环境,远比决策的结果更有价值。

2.3.2 Campaign Analysis(战役分析)

战役分析指系统地、周密地、严格地运用科学方法来研究一场历史上的战役,以便深入了解各组成部分之间的关系,理解基本原理,并发现能够最有效地完成这场战役的行动和步骤。

2.3.3 Capture, Assessment, and Production Plan (CAP Plan)(察觉、评估和处理计划)

该计划通常指兵棋推演数据描述计划,主要包括数据识别、分析、评估、综合、发布等阶段。

2.3.4 Capture, Assessment, and Production Team (CAP Team)(察觉、评估和处理小组)

察觉、评估和处理小组指执行察觉、评估和处理计划(CAP Plan)的小组。

2.3.5 CAP Team Observer / Recorder(CAP 小组观察员/记录员)

CAP 小组观察员/记录员是 CAP 小组成员之一,负责在推演中观察和记录某个小组(席位)或某些行为数据(也称为"记录员"或"报告员")。

2.3.6 CAP Team Leader(CAP 组长)

CAP 组长指那些被指派负责 CAP 小组的人员,通常负责 CAP 计划制订和作战报告拟制指导。

2.3.7 Cell(席位/小组)

席位/小组指为完成一个指定目标而编为一组的兵棋推演者,或者为分组推演者分配的位置。

2.3.8　Cell Leader(组长/席位领导)

组长/席位领导指资深的参演者或一名专门选出的领导该席位的推演者。组长负责确保该组按时完成要求的任务。该组长决定由谁向该组提供情况外简报。使用任务清单幻灯片和在席位中张贴走棋机制,可以帮助席位领导在引导员没有获得训练和指引的情况下,保持工作正常进行。

2.3.9　Cell Scribe(小组记录员)

小组记录员指一名指定的、负责拟制所需结果文件的参演者,最好擅长幻灯片制作。

2.3.10　Chance Device(随机装置)

随机装置指用来模拟明知有发生概率的事件是否发生的一种装置。常见的随机装置有普通骰子、二十面体骰子和随机数表。

2.3.11　Chart Game or Chart Maneuver(图上推演或图上演习)

图上推演是一种手动海战推演,用海图(或地图)来表示作战区域。以前又称战略海战推演。

2.3.12　Closed Game(封闭推演)

封闭推演指一种因"战争迷雾"限制了参演者依靠其"小组"了解整体形势的兵棋推演。在封闭推演中,推演控制决定了参演者应该推理性地查看和了解实际情况。

2.3.13　COA(行动/作战方案)

行动/作战方案指典型场景的基本策略选择。

2.3.14　COA Wargame(作战方案推演)

作战方案推演指一种为探索而进行的相对"快速而直接"的兵棋推演,通常在选择最终策略前,应明确3套作战方案各自可能的结果。

2.3.15　Colors or Cell Identification(颜色或分组/席位识别)

在兵棋推演中的敌对双方及其盟友,通常被指定特定的颜色以减少混乱。在一个双边推演中,红方和蓝方是两种基本的对立双方。绿方通常代表中立的第三方,或者蓝方的盟友。橙方通常是红方盟友。其他基本色可根据需要指定。

2.3.16　Combat Model(作战模型)

作战模型指一种对作战态势的特征、行为或结构的描述,从中作战模型可以计算出结果。

2.3.17　Combat Strength(战斗力)

战斗力指一种对部队进攻和防御能力的数值衡量,在兵棋推演中战斗力通常用点数表示。在某些推演中,有时只用一个战斗力数值表示进攻和防御两项内容,有时则用两个战斗力数值,一个用于表示进攻,一个用于表示防守。这些战斗力值是根据该部队的队属火力计算出来的,并通过训练、领导能力、组织效能和经验等定性因素加以修正。计算这些战斗力是推演研究和设计中的重要内容。

2.3.18　Combat Results(战斗结果)

战斗结果是战斗的最终结果,推演中一旦骰子转动完毕,通过参考战斗结果表(CRT),结果将非常明确。

2.3.19　Combat Results Table (CRT)(战斗结果表)

战斗结果表指一个战斗结果概率表,该表显示一个特定推演中所给出的所有战斗可能结果。攻击方对防御方战斗力比率越大,成功概率越高。因为在战斗过程中会出现很多意外,所以使用骰子或其他随机数生成器来确定实际结果。这些表格通常是基于历史实际损失数据计算而来的。

2.3.20　Command Post Exercise(指挥所演习)

指挥所演习是指部队采用模拟方式,由指挥官、参谋人员参加,在指挥所内部和指挥所之间通信的一种演习。

注:一次指挥所演习可被视为一种研讨性兵棋推演,特别是当参演者(指挥官及其参谋人员)定期召开"研讨会",讨论问题和成果时。如果一次指挥所演习

更侧重于训练参谋人员的指挥所流程(且尤其侧重于自动化指挥控制系统使用时),一般不应被视为一次研讨性兵棋推演(因为没有"研讨"部分)。

2.3.21　Computer / Wargame(计算机/电脑兵棋)

计算机/电脑兵棋指使用计算机进行的兵棋推演。裁决规则和随机数生成是通过编写程序产生的。对手或是通过人工智能程序生成的,或由真人通过网络充当。

2.3.22　Computer‐assisted Game(计算机辅助推演)

计算机辅助推演指一种由计算机辅助进行的兵棋推演,与完全在计算机上进行的推演不同(如作战仿真)。一些特定的作战仿真平台(比如 OneSAF 系统)可以为一次研讨性兵棋推演提供计算机辅助。

2.3.23　Conflict Situation(冲突位置)

冲突位置指在此有两个或两个以上的个人、组织、国家或联盟,为同一目标而对抗或在此有对立目标的一个位置。

2.3.24　Control Cell(控制组/席位)

控制组/席位被指定监视和指导推演实施以达到推演目标的个人或一组人,也称为推演控制。控制小组直接对推演总指挥/指挥员或副总指挥负责。控制小组包括监督员、引导员和裁判员(见 White Cell and Controller / Observer,白方小组和控制员/观察员)。

2.3.25　Controller(控制员)

控制员指一名控制组的成员,通常指一名或多名协助兵棋推演总指挥指导和监督推演的人。

2.3.26　Counter(算子/筹码)

- 算子/筹码通常用于称呼推演中所用棋子(也称"标号"或"单位");
- 是指用于计数或推演的一个棋子(如金属或塑料);
- 一些机构认为标号用以代表战斗力、物资、设施或其他需要在推演棋盘上物理呈现的东西,而算子代表了推演中的各部队。

2.3.27 Customer(用户)

用户是指应被告知推演及其结果情况的,以及那些可能使用推演成果的个人、机构或组织。

2.3.28 Constraint(约束)

约束指由上级指挥部为一个推演的设计、制定和实施对项目团队的一种要求,特别是由一个推演主办方提出的某种要求。典型的约束包括在特定分类级别上进行游戏的必要性,或者被指示使用特定的设施进行推演。

2.4 术语 D

2.4.1 Design Brief(设置简报)

设置关于兵棋推演的目标、结构、组织、时间表和程序的简报。此简报通常在信息简报的末尾给出。兵棋推演的简报可以包括总体形势简报。

2.4.2 Data(数据)

数据指一种对现实、概念或指令的形式化表示方式,适用于通过人或自动化手段进行的通信、解释或处理。

2.4.3 Data Collection and Analysis Plan (DCAP)(数据采集与分析计划)

数据采集与分析计划用以描述识别、捕获、评估和发布兵棋推演所需数据的过程。

2.4.4 Data Collection and Analysis Team (DCAT Team)(数据采集和分析小组)

数据采集和分析小组是实施数据采集分析计划的小组。

2.4.5 Decision Support Wargame(决策支持推演)

决策支持推演指为了提供给决策制定者最重要、最准确和最及时的深入见解,而设计和实施的一种兵棋推演。

2.4.6 Deductive game(演绎式推演)

相比之下,演绎推演以需要检验的总体推演目标为出发点,随之在推演过程中收集观察数据来支持或反驳最初的推演假定。此类型的推演用于构想制定过程的后期,于该构想得到更完善的制定之后。此推演用于作战方案(COA)分析期间,或用于一项计划在实施前的检验。

2.4.7 Deputy Game Director / Deputy Action Officer(推演副总指挥/副指挥员)

推演副总指挥/副指挥员在战略级(《美国法典》第十章,武装部队部分)推演中设置。副总指挥对推演总指挥负责,负责推演的监督和执行。

2.4.8 Design(设计)

设计指兵棋推演的基本架构,通常包括对类型、想定、复杂性和粒度的确定。

2.4.9 Design Elegance(设计合理)

设计合理指最大限度地提高准确性,同时最大限度地降低实施难度的兵棋推演设计技巧。

2.4.10 Deterministic(确定性)

确定性指试图为确定一个最可能结果的一种裁决方法。例如,如果红方有50%的击落交换比,则每10架蓝方飞机中总是有5架飞机将被裁定为被击落。

2.4.11 Deterministic Model(确定性模型)

确定性模型指通过已知的状态和事件之间的关系确定结果的一种模型,且在此模型中,给定的输入总是产生相同的输出。用于描述已知反应的模型。与之相对的是随机性模型。

2.4.12 Deterministic Combat Model(确定性作战模型)

确定性作战模型指基于一个数学公式,一经输入所有变量,则仅有一个结果的一种模型。兰彻斯特线性定律和平方定律首次发表于1914年,是当今绝大多数确定性模型的鼻祖。

2.4.13　Devil's Advocate(魔鬼代言人)

魔鬼代言人指为了争论或确立原因或立场的正当性而反对某一事情的人。

2.4.14　Dice(骰子)

骰子指具有多个静止位置的可抛掷的小物体,用于产生随机数。

2.4.15　Director(总导演,总指挥)

总导演,总指挥指负责兵棋推演及其评判的人,也被称为控制员。在早期海军战争大学推演中被称为仲裁员。总导演负责推演的计划、实施和评判。

2.4.16　Discussion Question(讨论性问题)

讨论性问题指兵棋推演中需要讨论的一些具体问题。探索性问题是讨论性问题的源头。CAP 团队领导拟制讨论性问题,并与推演设计者、指挥员和推演主办方协作讨论确定这些问题。

2.5　术语 E

2.5.1　Executive Brief(实施简报)

实施简报是一份(演后)推演总结,通常以幻灯片的形式,提交给推演主办方、将领或政府高级管理人员,介绍与推演目标相关的推演结果。

2.5.2　Educational Game(培训推演)

培训推演指一种为军队指挥官或作战官提供决策制定的培训,并使其熟悉作战和所涉及的问题的推演。为把兵棋推演作为培训的辅助手段,发挥其最佳效果而设计与实施的一种推演。效果取决于严谨、准确和所需时间之间的折衷权衡。

2.5.3　Executive Brief(实施简报)

实施简报指一种推演的总结,通常是约 15 页的幻灯片,汇报给一名推演主办方、将领或政府高级管理人员,展示推演目标相关的一些推演结果。

2.5.4　Exercise(演习)

演习指一种军事演练或模拟的战时行动,包括计划、准备和实施,目标是训练和评估。一次军事演习或模拟的战时行动能否作为一场推演,取决于红队的存在和对结果的裁决。例如,"红旗"是一次演习和推演,而一场机动演习纯粹是一次演习。

2.5.5 Experiment(实验)

实验指在受控条件下进行的检验,旨在证明或推翻一个假设,证明已知的事实、检验假设的有效性或确定某些新事物(技术)的效果。部分观点认为,兵棋推演不算作实验,因为其不受控制,即蓝方和红方可以根据他们的利益,确定最有利的选择。

2.5.6 Experimentation(实验方法)

实验方法指为了创新而探索多种方案的一种多方面考虑的计划。兵棋推演可作为实验法的一种。

2.6 术语 F

2.6.1 Facilitation Plan(引导计划)

引导计划描述了引导员应该怎样为参演者的对抗设置条件。引导计划为推演设定初始条件,如果之前没有设置想定,则其中可能包括一个简短的想定。引导计划包括从分析计划中提出的问题,引导员将向参演者提出这些问题,以激发参演者的反应。在某些情况下,引导计划可能包括临机导调,以迫使参演者在某些关注区域,根据兵棋推演目标进行应对。与裁决计划相比,引导计划更侧重于信息在推演过程中是如何披露和记录的。一个引导计划包括推演中将透露的必要信息和内情的预计时间表,该引导计划还包括需要哪些补给、技术和装备来辅助获取所需的信息和内情。

2.6.2 Facilitator(引导员)

引导员为白方小组工作(推演控制组),在小组/席位内指导讨论,确保各席位小组达成其推演目标为各小组与白方小组之间提供沟通联系,传达指导和问题,并确保各小组保持进展,并为 CAP 团队提供内情和评判。控制小组成员负责协助监督员或组长,并协调为该席位提供的管理和技术支援。(此术语曾引起混淆,因为大家以为是由引导员实际组织小组的。)引导员是指派给一个小组或团队以提高其效率的个人。一名引导员可以是团队/小组即将用到的软件方面的专家,也可以是指导团队领导中的某个人。

2.6.3 Fidelity(逼真程度)

在建模、仿真和兵棋推演领域,逼真度是指对真实世界中对象、过程或冲突的状态和行为的再现程度。因此逼真程度通常等同于真实程度。

2.6.4 Field Exercise(野战演习)

野战演习指仿照战争条件在战场实地内进行的一种演习,其中一方的部队和武器装备实际存在,而另一方的部队和武器装备可能是假想或简略的。

2.6.5 Fog of War(战争迷雾)

战争迷雾指在武装冲突中指挥员所感知到的我情、敌情及环境条件的不确定性。

2.6.6 Friction(摩擦)

摩擦指武装冲突期间发生的意料之外的延续倾向。

2.6.7 Front End(前端)

前端指计算机推演中,参演者所见的那部分。

2.6.8 Free Adjudication(自由裁决)

在开放或开放/封闭混合的兵棋推演模式中使用的一种的裁决方法,其对抗双方就非动能对抗或动能交战的可能结果达成一致,推演结果由裁判员根据其专业判断和经验确定的裁决方法。

2.7 术语 G

2.7.1 General Situation / Scenario Brie(总体态势)

总体态势又称总体形势或总体想定简报,是指在推演开始时发给所有参演者的形势简报。它包含"战争/危机由来"的背景设置,以及作为所需情况想定而为推演进行设置的初始条件。在推演简报结尾,参演者分入各自小组之前给出。

推演简报可以以"五段"命令格式格式给出(即 SMEAC:形势、任务、实施、管理和后勤、以及指挥和通信)。

2.7.2　Gamable(可演性/可行性)

可演性/可行性指一个兵棋推演能够或值得推演的程度。例如,一个兵棋推演提案必须具有可推演性。

2.7.3　Game(推演/游戏)

推演/游戏指根据一定规则和相关用途而进行的一种有竞争或对抗的性质或形式的一种活动,它受一些游戏规则制约,根据游戏规则,通过技巧、力量或机动可以获得胜利或成功。

2.7.4　Game or Cell Activities(推演活动或小组/席位活动)

推演活动或小组指参演者或参演各方完成走棋的动作或步骤的顺序,以及按照该顺序他们如何相互交手。

2.7.5　Game Assumptions(推演假定)

推演假定指关于推演设计、结果、冲突、参演者,及(或)冲突发生条件中的某些方面的,一种通常未被说明的认定。使推演专注于其推演目标的注意事项,理论上是为了防止推演被次要问题分散注意力。例如,一个推演假定可设为,在橙国与蓝国的一次冲突中,绿国保持中立。该限制用于使推演聚焦于目标,并在必要时避免已知的障碍。推演假定明确了推演的边界。推演假定不应与计划假定相混淆。例如:大规模杀伤性武器不会进入推演,但参演者必须为其使用制定计划。不会有战场外情况的推演。

2.7.6　Game Board(推演图板/棋盘)

推演图板也称为演习图板,是一种整齐排列的正方形或六边形,用于表示作战区域或作为标绘了作战区域的地图或海图覆盖物。

2.7.7　Game Designer / Team(推演设计师/团队)

推演设计师是指负责设计兵棋推演的人员或团队,主要设计推演剧情,构思并设计规则和结构,最终为参演者提供经验指导的人。

2.7.8 Game Director(推演总指挥/总导演)

推演总指挥指那些负责监督和实施兵棋推演的推演人员。

2.7.9 Game Facilities(推演设施)

推演设施指推演实施的地点。该设施限制了推演规模、复杂性、分类和日程,亦称"推演场地"。

2.7.10 Game Layout(推演布局)

推演布局指一种图表或地图,标示推演设施以及各参演席位、房间和编成的物理位置。

2.7.11 Game or Move Mechanics(推演或走棋机制)

推演指参演者或参演各方完成走棋的动作或步骤的顺序,以及按照该顺序他们如何相互交手。

2.7.12 Game Path(推演路径)

推演路径指一种表示推演从开始到结束过程的图表。参演者必须遵循的一条预定路径、一些规定事件或一个决策树。

2.7.13 Game Purpose(推演意图)

推演意图是用一个简短的段落清楚地表明推演的原因和它意图达成的目标。该意图说明提供了整个兵棋推演计划过程背后的动机。

2.7.14 Game Objectives(推演目标)

- 指推演预期达成的一个简短的细化了的任务清单,是衡量推演成功与否的标准。它们是推演设计、数据采集和推演实施的驱动因素。
- 指一系列支撑推演意图的目标。
- 指一份细化了的简短的任务清单,由主办方批准,是推演预期所应完成的。

2.7.15 Game Scale(推演规模)

推演规模指如何展现兵力、时间和空间各要素之间的关系。推演规模等级越高,每个兵力单位代表的兵力越多,每个时间单位代表的时间越长,每个距离单位代表的距离越大。

2.7.16　Game Schedule(推演日程)

推演日程指一份以日或以小时为单位的推演事件的时间安排。

2.7.17　Game Structure(推演结构/安排)

推演结构指一份显示推演组织和席位间关系的连线图表。设计兵棋推演结构是为了说明:推演意图和目标、探讨的问题、分析计划以及兵棋推演类型,其设计要考虑以下各种选项因素:

(1)控制组和参演组两种席位的数量、意图和组成是什么?
(2)如果用到红方小组,它是控制小组之一还是一个参演小组?
(3)是否所有参演小组都基于一个共同的想定或问题进行作业,或者针对不同的小组是否会有不同但相关的课题?
(4)是否有足够的设施和装备可用?
(5)需要什么样的裁决或引导方法?
(6)在回合制推演中,一回合代表多长时间?
(7)参演者完成一个回合需要多长时间?
(8)解决所有探讨的问题需要多少回合?
(9)回合的结果如何裁决?
(10)是否需要举行全体会议,并且会议的目标会是什么?
(11)是否需要参演者或控制员应该向有关方面做情况外简报?
(12)需要制定什么级别的想定?需要多少个想定?
(13)是否需要临机导调来迫使参演者应对?何时以及如何使用它们?

2.7.18　Game Theory(推演理论/博弈论)

• 一种数学理论,在一定条件下可以用来确定在冲突情况下所采取的最佳策略或行动方案。

• 对涉及竞争利益情况的研究,是根据推演中对方参演者的策略、概率、行动、得失建立模型。

2.7.19　Game Validation(推演验证)

推演验证指推演和推演材料的最终演练和检查,目的是确保一致性和可操作性。

2.7.20　General Situation Brief(总体形势简报)

总体形势简报指在推演开始时发给所有参演者的关于态势的简报。它包含了"战争/危机由来"和推演开始时的即时情况。通常在推演简报末尾，而在参演者进入各自席位之前给出。该简报通常遵循 SMEAC 格式。

2.7.21　Geographic Requirements(地理条件)

地理条件指推演所需的各种自然环境。该条件包括各类地形、水文、气象、年度的季节气候。地理条件比推演设计中任选的其他要素重要；它决定了推演的边界。当兵棋用户所处的一个既有想定或特定的地理位置，与推演目标、或作战类型、或部队规模和类型不匹配时，这将成为一个实际困难。推演指挥员必须准备好向主办者解释矛盾冲突，并提出更改完善的建议，包含想定或修改推演意图和目标。

2.7.22　Green Cell(绿方小组/席位)

绿方小组确保环境和平民等方面，适用于友方的行动方针(COA)(通常包括：民事、东道国、政府间组织或非政府组织)。(见 Yellow Cell,黄方小组。)

一个绿方小组的作用是体察民情，以更好地了解环境和矛盾问题。至少，绿方小组为居民的独立意愿提供支持。绿方小组还可以为非国防部门的实体提供帮助，如政府间组织或非政府组织。绿方小组成员范围从个人到一组按任务组织的主题专家(SME)组，其中可能包括当地民众和非国防机构的联络人。(见 Yellow Cell,黄方小组。)

2.7.23　Gold Cell(金方小组)

2015 年 2 月，第十届"远征勇士"兵棋推演中提供了指导和推演小组协调的指挥小组。

2.7.24　Good Idea Cut off Date(设计截止日期)

设计截止日期指对推演设计不再进行重大更改的截止日期。

2.7.25　Granularity(粒度)

粒度指对战争各个重要方面描绘的详细程度。虽然有些人将细化粒度等同于增强逼真程度,但并不能保证对于讨论中的武装冲突的结果,以细粒度检验的因子最为关键。

2.7.26 Ground Truth(战场实况)

战场实况指各单位推演中进展的实际状态。在一次开放推演中,所有参演者均可获取战场实情。在一次封闭推演中,控制组掌握战场实况,并向推演中对抗中的各方传达一种内容有限、并有可能不准确的战场实况图景。通常是一种态势的实际情况,没有传感器或人为感知判断带来的差错。

2.7.27 Grand Strategy(大战略)

- 指在整个国家或帝国级别上调动和运用资源的战略,其重点是一场战争(或一系列战争),且通常覆盖一个很长的时间阶段。一些单独的单位,即使是几个军,也有可能没有体现,关注点则是放在各个作战的战区。所有有关国家的资源均可调动为长期对抗的一部分。该级别的仿真往往涉及政治、经济和军事冲突。其中最极端的是战略推演的一个分支,在其中参演者充当的角色是整个民族—国家的政府,此类推演不进行战争是一种可能性。"轴心国与同盟国""危机"和"武装帝国(Empires in Arms)"就是这类兵棋推演的例子。
- 指在和平与战争期间,发展并运用一个国家的外交、经济和情报实力,伴以国家的武装力量,实现国家目标的艺术与科学。也称为国家安全战略或大战略。

2.8 术语 H

2.8.1 Hexagonal / Hex Grid(六边形网格/六角网格)

六边形网格指为了便于单位移动、测量距离和提供单位位置,而置于地图上的六边形图案。

2.8.2 Hex Side(六角边)

六角边指六边形的六条边之一。有时河流、山脊线、防御工事或其他一些地貌沿六角边延伸。这意味着参演者必须注意六角边类型的区别,以及六角格之间的不同。

2.8.3　Higher Authority(上级机关)

上级机关指任命的管理控制人员,在推演之外负责指挥和组织工作,并且为了保障推演进行和确保推演聚焦于目标的要求,还由他们制定决策并给参演者以政策指导。上级机关通常是控制的一部分,并由推演总指挥用于指导推演进行,但是,有些推演可能要求该小组/席位成为参演部分,而不是推演控制的一部分。〔也称为上级指挥部(HHQ),国家指挥机构等。〕

2.8.4　Hotwash(即时讲评)

即时讲评指"回顾任何行动的一种行为(特别是在兵棋推演中)。即时讲评之所以这样命名,是因为它应在走棋或推演结束后尽快进行(趁它还是"热"的)。

注:在大型或复杂推演中,推演总指挥和推演参谋人员,经常每天进行一次即时讲评。

2.8.5　Hybrid or Mixed Format Game(混合模式推演)

混合模式推演指一种同时具有开放和封闭部分的兵棋推演。该推演使用多种裁决方法,即对作战结果使用随机裁决,对外交结果通过判断进行裁决。

2.9　术语 I

2.9.1　In‐Progress Review Brief(进展审查简报,IPR)

进展审查简报是根据需要向师级领导层提交的推演进展状态简报。该简报包括但不仅限于高层角度对支持推演的计划的审查。IPR 包括引导计划、想定和临机导调、兵棋推演日程和参演者材料的讨论。

2.9.2　Information Brief(情况/情报简报)

情况/情报简报是向兵棋推演参演者简要介绍兵棋推演进行所需情况/情报的一些简报。

2.9.3　In‐briefs(情况内简报)

情况内简报指在兵棋推演开始和走棋开始时向参演者做的情况简介。

2.9.4　Inductive Game(归纳性推演)

归纳性推演指给兵棋参演者的,包含推演进行所需信息情报的简报。

2.9.5　Information Requirements(信息需求)

这些要求说明了必须向参演者通报的信息类型和格式,以使他们能够制定有根据的决策。此处的信息可以是：预读材料、预先号令、作战命令、情报简报、形势简报、状态图板、脚本,主想定事件列表(MSEL)以及媒体和互联网等提供的相关开源情报等。

2.9.6　Initiative(主动权)

在现实生活中,主动权是指一方首先行动的能力,是任何参演者或参演一方制定首次决策,走出还是等待一步棋、一个回合或一个步骤的能力。通常每一方都有一个首先出手的概率(或者第二,如果这样更可取),并且这个概率经常随战场上的胜败变化。在手动推演中一个主动权规则通常会变得相当复杂,例如,蓝方已经计划并决定接近并进攻红方。红方现在有了决定如何和何时作出反应的主动权。如果蓝方决定不改变进攻计划,红方则保持主动权。这是一种按照行动、反应,反击这几个步骤的变量,在蓝方通常取得行动先机的作战方案推演中处于转折点。

2.9.7　Initiative Rolls(掷先手)

掷先手指一种由掷骰子和相关结果表或结果卡片组成的系统,用来作为具有历史合理性的强制行为。

2.9.8　Intel Play(情报推演)

情报推演指一次推演中与情报有关的那些部分。通常由情报请求席位处理。一些兵棋推演也可能设有一个国家侦察局席位或控制员。

2.10　术语 K

2.10.1　Kriegsspiel (Kriegsspiel)(克里格斯皮尔兵棋)

- 德语词汇的兵棋推演。由于现代兵棋起源于普鲁士,世界各地早期使用的兵棋通常被称为 Kriegspiels。
- 作战推演或兵棋推演的德语名称。

2.11 术语 L

2.11.1 Level of Abstraction（抽象程度）

抽象程度指呈现于想定、战斗序列、推演环节中的详细程度，以及地图的细节、大小和比例尺。此程度必须与推演的冲突级别相匹配。

2.11.2 Level(s) of Conflict / War（冲突/战争级别）

冲突/战争级别指在兵棋推演中由参演者代表的军事（及民事）指挥的层级范围。"级别"还决定了由参演者充当的最低指挥级别。

注：美军条令并未涉及大战略和小规模冲突这两个级别，但这两个级别在推演中仍被广泛使用，并且有自己独特的推演设计考虑。

2.11.3 Ludology（游戏学）

游戏学指对游戏的研究。

2.11.4 Live Simulation（实兵仿真）

实兵仿真指一种由真人操作真实系统的仿真方式。

2.11.5 Live Wargame（实兵推演）

实兵推演指一种涉及部队实际演练的推演，例如红旗演习。

2.11.6 Live – Virtual – Constructive Wargame（实兵-虚拟-构造推演，LVC）

实兵-虚拟-构造推演是一种兵棋推演形式。在这种推演中将实兵参演者，混合以构造参演者（计算机上由游戏引擎如 OneSAF 生成）或虚拟参演者（计算机训练器中的真实参演者）或两者俱全，以这种方式使得实兵参演者查看其指挥控制系统时无法区分参演者类型。

2.11.7 Limiting Factors(限制因素)

限制因素指任何对项目团队计划或实施推演的行动自由度的限制。典型的限制因素包括设施或推演人员的可用性和能力,这可能会限定推演如何进行。

2.12 术语 M

2.12.1 Main Event(主要事件)

主要事件用于描述重要推演的术语,以避免在兵棋推演之前的设计和发展周期中,与其他较小型推演或推演研讨会混淆。

2.12.2 Management Game(管理推演)

管理推演指一种仿真推演,推演中参与者在既定的资源和约束下寻求实现一个特定管理目标。例如,在一个仿真情况中,参与者在给定的商业环境中制定旨在使利润最大化的决策,并由计算机决定这些决策的结果。

2.12.3 Manual Games(手工推演)

手工推演也称为图上推演、桌面推演或缩影推演,指使用物理物体代表部队和环境的兵棋推演,且由参演者手动移动兵棋棋子。其中部队由模型、图钉、棋子或标号表示,且由参演者用手在展现作战区域的海图、地图、棋盘或地形模型上移动部队。

2.12.4 Maneuver Warfare(机动作战)

机动作战是一种作战样式,其原则是通过机动获得对敌优势。机动作战是一种思考战争本身和有关事物的方式,并会影响我们的每次行动。它是一种思维状态,源自大胆的意志、智慧、主动性和快速捕捉机会的意识,是一种思维状态,决心在精神上和肉体上粉碎敌人,通过麻痹和迷惑敌人,通过避敌锋芒,通过迅速而积极地利用其弱点,并通过最沉重的歼敌方式打击敌人。简言之,机动作战是一种以己方最少代价对敌产生最大决定性影响的哲学,是一种"斗智斗勇"的哲学。

2.12.5 Matrix Game(矩阵推演)

矩阵推演是一种兵棋推演,其中一个矩阵排列如下:沿顶部依次为红方策略 R1、R2 等,并且沿侧边依次为蓝方策略 B1、B2 等,在方框中列出蓝方视角的定量或定性的结果。这使得蓝方能够确定一个行动方案,该方案将确保无论红方选择何种策略,其收获都最小。红方亦可按照某收获的视角排列一个矩阵。这种矩阵的概念基于约翰·冯·诺依曼的博弈理论。克里斯·恩格尔(Chris Engle)在 1992 年创作并出版了《矩阵推演》。在(恩格尔的)矩阵推演中,各种行动分解为逻辑"论点"的一个结构化的序列。每个参演者轮流提出一个论点,以成功的论点推进推演,并提高参演者的排名。关于如何提出和裁决论点,有各种可用的方法和选择。

2.12.6 Mechanistic Combat Model(机械式作战模型)

机械式作战模型指一种作战模型,它是基于一对一的方式机械地消除兵力,直到达到某些预定的水平或比例。由威尔斯(H.G. Wells)在 1914 年出版的《小型战争》(*Little Wars*)一书中提出。

2.12.7 Miniatures Wargame(缩影/微缩兵棋)

缩影/微缩兵棋指在三维地形模型上使用,以立体方式展现交战部队的一种兵棋推演。

2.12.8 Model(模型)

模型是现实的比例化展现,是一种对某个系统、实体、现象或过程进行物理、数学或其它逻辑化的表达,是一种对特征、行为或结构的描述,是一种对现实静态的、按比例的展现。示例包括方程式、比例尺地图、一个较大物体的小型三维变体。

2.12.9 Modeling and Simulation(M&S)(建模与仿真)

建模与仿真指包括开发和(或)使用模型和模拟的学科。它指静止地或长期地使用模型(包括仿真器、原型、模拟器和激励器)开发数据,作为制定管理或技术决策的基础。

2.12.10　Moderator(监督员)

监督员是一名参演小组中的控制团队成员,监督参演者专注于任务。

2.12.11　Monte Carlo Technique(蒙特卡洛法)

蒙特卡洛法指利用随机装置来确定偶然事件的结果,或对难以计算或不能计算的概率分布进行近似计算的方法。它是一种试图复制出现实世界中的一系列合理结果的裁决方式。例如,如果红方对蓝方 10 架飞机中每一架都有 50% 的击落概率,在蒙特卡罗法裁决下,将为每一次射击生成一个随机数。最常见的结果是,5 架飞机将被裁定为被击落,但偶尔会有所有或没有飞机损失的结果。

2.12.12　Morale(士气)

士气指一支部队持续其所担负的任务的意愿。可能设置在某一兵棋推演中,也可能不设。在手动或娱乐性推演中,"战至最后一人"的偏好是与士气规则相违背的。对于图上推演,可以使用一种双面标号:一面表示部队全力以赴时的战斗力,而另一面表示"动摇"或"战斗力下降"的状态。对于缩影兵棋推演,大多数规则会包括剩余部队的百分比,或者触发"士气转变"的特定事件。与其他基于骰子的裁决应用一样,效果表(理论上)也是基于对有关冲突实际结果的分析。

2.12.13　Move 0 (Zero)(第 0 步棋)

第 0 步棋指一些兵棋推演的第一步棋,用于部署部队或为敌对行动的开始做准备,能够使参演者熟悉流程、软件和彼此。它也可用于训练或使推演工作人员和参与方熟悉新的或复杂的流程或概念,或两者兼有。在使用中第 0 步始终是第一步出棋。

2.12.14　Move-step(步进法)

步进法是一种设计考虑,是为推演进行选择预定的时间阶段,其后的推演时间早于另一预定时间段。步进法允许时间跳跃,以将重点集中于与推演目标相关的一个展现着的想定中的特定方面。

2.12.15　MSEL (Master Scenario Event Lists)(主想定事件清单)

一个主想定事件清单包括即将采取的各个行动,这些行动用以激发参演成员或无法在仿真中建模的职能的反应。一次 MSEL 的"临机导调"是指由控制小组将清单中的行动加入到想定当中,指一种按时间顺序编列的脚本化事件,这些事件在特定职能领域产生活动,支撑演习或兵棋推演目标。在职能性演习或单方推演中,MSEL 起主导作用。在一个全面演习或者两方或多方推演中,MESL 在必要时补充和影响推演方向。MESL 有两种格式:

简短 MSEL(主事件简短清单)指列出临机导调、发布时间、简短描述、负责控制员和参演方接收人。

详细 MSEL(主事件详细清单)指详细描述、临机导调确切的引用和形式,以及预期行动的描述。

MSEL 临机导调需要细致的计划和协调,且不应在没有咨询推演设计者的情况下当场形成,只在绝对必要的情况下才下达。

一份按时间顺序列出的清单,以事件概述、预期参与方的反应、需要解决的能力、任务和目标以及负责人员来补充演习想定。它包括特定的想定事件(或临机导调)促使参演者执行需要在演习中检验的计划、策略和流程,如"基于能力的计划过程"中所述。它还记录将用于下达临机导调的途径(即电话、传真、电台呼叫、电子邮件)。

2.12.16 Multisided Game(多方推演)

多方推演指那些设计为含多个对抗小组的推演。这些兵棋被称为多方兵棋,或按实际的参演方数量称呼(如"三方")。

2.13 术语 N

2.13.1 Nature of the Opposition(冲突性质/对抗性质)

冲突性质指推演中冲突的种类和原因。它可以是军事、外交、商业、法律、宗教或是以上方面的结合。

对抗的类型和性质取决于推演的总体背景。对抗可能来自时间、距离、地形、灾难和资源对使命的挑战,或来自顽抗的敌人,或上者兼有。对抗的强度可以覆盖由恶劣环境或居民造成的消极抵抗,到与装备精良、训练有素的外交官、律师和战士的全面敌对交锋。

2.13.2　Nongovernmental Organization（非政府组织,NGO）

非政府组织指一种私有、自我管理、非营利的组织,致力于减轻人类痛苦和（或）促进教育、医疗保健、经济发展、环境保护、人权,以及冲突解决和（或）鼓励建立民主机构和公民社会。

2.13.3　Number of Cells（小组/席位数量）

小组/席位数量指一次推演中所需的小组/席位数量,它取决于有多少个不同的参演者和工作人员分组需要独立的空间或小组。

2.13.4　Naval Units / Levels of Play（海军单位/推演等级）

- 舰队
- 特混编队,特混大队（群）
- 作战协调官
- 船/舰长

2.13.5　Number of Sides（参与方数量）

参与方数量指推演中参与方的数量,取决于推演的冲突性质和对抗性质,以及能够制定决策和采取独立行动影响推演趋势的独立实体数量。推演可以有单方、$1\frac{1}{2}$方、两方或更多方。方面数量并不总是等于小组数量。

一个单方推演就像单人纸牌游戏：对抗是由形势、MESL 的临机导调,或一个先期推演行动的结果提供的。这种推演的意图和目标不要求有一个活生生、善于思考的对手。单方推演的组织方式是将参演者划分到一个或多个小组中,每组都参与推演,通常一种观点对应一个问题。一个控制组（通常称为白方席位）提供"对手",并使用预先编写的想定临机导调,改变推演基本条件或形势,使参演者重新审视他们的想法、观点或与推演的问题相关的决策。单方推演的一种（有时称为 $1\frac{1}{2}$ 方推演）会基于参演者正着力应对的问题,使用随着推演进程而创建（相对于预先编写）的想定临机导调。

一方半（$1\frac{1}{2}$）推演有许多演变形式,包括但不限于以下几种：

（1）推演中加入一个"红方"参演者或团队。红方充当"魔鬼代言人"，对蓝方的计划提出争议或障碍。这种方式呈现了一种情况，即红方对抗蓝方的能力有限，或造成的困难相比其他因素（如时间、距离或地形更小）。只有一个参演小组，对抗由一个控制组设置，但在推演实施过程中制定想定的临机导调，而非预先设定，从而迫使参演者努力寻求与推演目标相关的对策。

（2）有多个参演小组/席位，对手由控制组设置。通常用于训练或教学推演。

1）一次双方推演是基本的红蓝方对抗模式。在双方推演中，参演者被分成对立的小组（通常称为蓝方席位和红方席位）。每个席位根据预先制定的实施规则，对另一席位的行动和决策作出反应。由一个控制席位裁决各席位的行动和决策相互影响的效果。对抗的结果将影响后续的推演进程。在此类型推演中，控制组也可以随着各席位进展使用临机导调来改变总体想定。

2）一次多方推演，涉及两个以上的参演方，通常以类似双方推演的方式进行。多方推演的实施规则比双方推演中的规则要复杂得多，原因在于多个参演席位之间可能有大量的相互影响。

3）通常给每一参演方面赋予一种颜色（参见 colors，颜色）。在多方推演中，给小组命名比用颜色区分更简单。

2.14 术语 O

2.14.1 Objective（目标）

目标指采取行动的意图。

2.14.2 Observer（观察员）

观察员指在推演中只获准其观察但不能参与的一名非参演人员。

2.14.3 Open Game（开放性推演）

开放性推演指所有参演者都能接收或获得所有友军和敌军行动信息和情报的一种推演。通常在一个房间并且是单张地图或海图上进行。

2.14.4 Operational Art（战役艺术）

战役艺术指一种军事概念，采取能够改善战役成果的方式巧妙地协调行动。

2.14.5 Operational Gaming(运筹博弈/战役推演)

运筹博弈/战役推演指"推演方法在非军事领域的应用,也用于描述军事和非军事行动的仿真。"这是一个位于罗德岛州纽波特的海军战争学院作战模拟部门创立和使用的术语。

2.14.6 Orange Cell(橙方小组/席位)

橙方通常是红方盟友之一,或者是第二个独立的敌对单位。

2.14.7 Order of Battle(战斗序列)

战斗序列指参演一方的部队编成,包括各种部队类型和每种部队可用数量。

2.14.8 Order of Battle Sheets(战斗序列表)

战斗序列表指(图上或手动推演中)一种沿方格显示推演部队的打印表格,用于在单位遭受战斗(或非战斗)损失时登记其实力下降情况。

2.14.9 Out–Briefs(情况外-简报)

情况外-简报指一种由参演者提交,解释其在一步棋或该推演中所做内容与原因的简报,在一步棋或推演结束时由参演者撰写和提交。

2.14.10 Operational(战役)

战役指一种处在国家(通常是一个多国集团的成员)级别的战争,决定了国家的或多国的(联盟或联合体)战略安全目标和指导,继而发展和运用国家级资源来实现这些目标。军事单位规模通常为师、军或集团军(按原始兵力划分)。在此规模上,经济生产和外交的意义重大。这一分类通常会动用各交战国所有部门的整体力量,涵盖整场战争或长期战役。

2.15 术语 P

2.15.1 Parameter(参数)

参数指一种诸如命中概率、探测距离、弹药基数等的数值,它在某次推演的一个场次中保持恒定,但在不同的场次中可以根据要求各自取值。

2.15.2 Participant（参与者）

参与者指任何参与推演的人，包括参演者、管理者、保障和控制人员。

2.15.3 Player（参演者）

参演者指专门指定进行推演的参与者，是在推演中一名非控制组成员的参与者，并且由他充当一支或多支部队的实际指挥官或参谋人员，或是非控制组成员的作战推演参与者，或为部队运用制定决策的团队分派的那些人员，通常是红方和蓝方团队（以及其他可能用到的决策制定团队）的成员。

2.15.4 Playability（可行性）

可行性指进行兵棋推演的相对容易程度。可行性低的兵棋推演需要相对较长的时间来学习如何使用，并且实施起来较为繁复；具有良好可行性的兵棋快速易学，一目了然且方便实施。

2.15.5 Player Requirements（参演者资格）

- 指对参演者以及其他推演参与者的衔级、知识或经验的要求。这取决于战斗的类型和等级以及所担任角色的等级。
- 指推演要求的参演者数量以及带给推演的知识、经验和视角。

2.15.6 Plenary（全员/全体会议）

全员/全体会议指由所有有资格的成员全员参加或收看的会议。

2.15.7 Policy Wargame（策略推演）

策略推演通常指在战略层面上进行的推演，其目的不是为了深入了解具体情况，而是为了帮助探索一些广泛的策略。

2.15.8 Probability（概率）

一起事件发生的概率，是该事件可能发生的等可能数目与该事件可能发生以及不可能发生的等可能总数的比率。

2.15.9 Problem Statement（问题说明）

问题说明指推演设计团队和该推演所需解决的问题的一种简明清晰的说

明。该问题说明将直接影响推演意图、目标和研究课题的确定,这些研究课题则牵引了推演的设计、制定和实施。

2.15.10　Professional Military Judgement(职业军事判断力)

职业军事判断力指在一个人职业生涯所积累的训练、教育、经验和相关知识的总和(见 Umpiring,Free,自由裁决)。

2.15.11　Purpose(意图)

意图指推演为之筹划、进行的总体理由,是一个概括了为什么要进行推演的陈述句。对意图的说明提供了整个推演计划制定过程背后的动机。

2.16　术语 R

2.16.1　Rapid Assessment Wargame(快速评估推演)

快速评估推演是一种研讨式推演,旨在为无需大量推演设计和制定的简单问题提供一种快速的迭代周期,以最小干扰辅助早期阶段的概念制定或实验规划。

2.16.2　Rapporteur(报告员)

报告员是一名由一个机构指定,报告其会议进程的人,可以是一名控制小组的成员,他负责采集和评估数据并协助准备推演报告。

2.16.3　Realism(逼真程度/还原度)

逼真程度/还原度指一个模型、仿真或推演与所关注的现实世界实体相匹配的程度。一幅一英尺见方的世界地图,只要所有要素都正确或符合比例,可以认为是逼真的。

2.16.4　Real-time(实时)

实时一次实时推演是指推演时间的一分钟在实际时间上也占用一分钟。飞行模拟器/空战推演通常按实时进行。这个术语有时也适用于任何连续进行的推演,即使一分钟的推演时间代表了一个世纪的实际时间。

2.16.5　Red Cell / Players / Team(红方小组/参演者/团队)

红方小组/参演者/团队指充当对手或敌军的小组、团队或参演人员。表"敌人"的团队(或参演者)。在一些推演中(特别是美国空军的空战强化模拟-Pegasus Canada),学员参演者充当推演的双方:在这种情况下,一方通常被称为"灰方",另一方则为"红方"。

2.16.6　Red Team / Teaming(红队/红色组队)

红队/红色组队红色协作组是指由训练有素、良好培训和实践丰富的团队成员执行的一项职能,它为指挥官提供一种独立的能力,使他们能够在作战环境的背景下,从我们的伙伴、对手和其他角度,充分探索计划、作战、构想、组织和能力的备选方案。

注意:不要与兵棋推演的红方团队或组队相混淆。红队是由一个企业建立的,目的是质疑该企业的计划、程序、设想等方面。正是这种对多方面有意的质疑使红队与其他管理手段区别开来,尽管界限并不明确。

2.16.7　Research Question(探索性问题)

探索性问题指对某一特定关注问题或议题的有答案的探究,由推演目标和推演主办者提出,被用来将聚焦于推演设计和进展。探索性问题直接来源于推演目标,旨在明确实现推演目标所需的实情或信息,直接影响推演设计进展,特别是分析和引导计划。

2.16.8　RFI(情报请求)

情报请求指一种由参演者提出的有情报特点的问题,是请求获得情报信息,在某些推演中获取额外信息的一种正规制度。

2.16.9　RFI Cell(情报请求小组)

情报请求小组是指一个由主题专家、想定制定者、情报军官和推演控制人员组成的小组或团队,负责处理情报请求。

2.16.10　Road to War / Crisis(战争/危机由来)

- 指一段编造的历史,它从历史中真实的一点过渡到推演想定的起点。这段"历史"为想定提供了背景、基本细节和合理性。它是所示想定的第一部分,但通常也会是想定的结尾部分。

- 指一段从当前时间到推演开始的事件叙述。"战争由来"的目的是将参演者从现实世界转移到推演环境,最大限度减少推演者对想定疑惑。该想定必须支持推演目标的达成。

- 想定的要素之一,它描述了一个局势是如何发展而来的,这将使敌对行动的爆发对于参演者合理可行。

2.16.11　Role Playing(角色担任/角色扮演)

- 指需要的情况下,参演者要求充当角色的程度。角色扮演是指参演者是否被局限于仅履行指定推演身份的职责,或由他们根据自己的经验和知识自由参与,或者根据具体情况两者都有。角色扮演应被视为推演设计中的一个可变因素。训练推演和用于检验参谋人员、指挥部或团队职能的推演,通常要求严格的角色扮演或角色担任。

- 参演者被指派了某些推演身份的职责,例如,总统、参谋长等。这与基于经验和知识担任的参演者角色形成对比。

- 在历史缩影推演中,规则集的丰富程度通常反映了规则制定者的意图,根据这个意图限定参演者,并将其行为限制在制定者认为适合冲突时间和地点的范围内。

- 是指当一名参演者被指派履行某个特定岗位职能的情况,如太平洋空军司令、空中作战中心战略呼叫部门主任。参演者们的工作是作为现实世界中相对应的职务去制定决策。

2.16.12　Rigid adjudication(刚性裁决)

刚性裁决是对抗结果根据预先设定的规则、数据和流程来确定的裁决方法。

2.16.13　Restraint(限定)

由上级指挥部或推演主办方为了设计、制定或实施一种推演,对兵棋推演部门提出的一种要求,该要求禁止采取某种行动。一个典型的限定可能包括必须将想定的制定限制在特定推演主题的狭义方面,或者只涉及特定组织或机构的参演者。

2.17　术语 S

2.17.1　Scale(比例尺)

- 随着标号或算子所代表的部队的规模越来越大,推演的地图和时间比例尺度也会发生变化,于是一个连移动的一个六角格将记为,500 码且需 15 分钟,而一个军移动相同的一格可能意为,行进 100 英里且需 1 周。在缩影推演中,有一种类似特点,即使用相同的编队(通常为 16 至 36 个兵人)来表示从步兵连到师间的任何建制,同样对地图和时间比例也要做相应调整。(参见 Game Scale, Hex Grid,推演比例尺,六角格)301

- 指兵力、时间和空间要素之间如何表现的关系。推演比例尺越小,每个兵力单位代表的部队越大,每个时间单位代表的时间越长,及每个距离单位代表的距离越大。

- 指每个六角格代表的大小和每个推演回合所代表的现实时间。六角格的大小是从一边到对边测量的,并且从几米直至许多光年不等(在科幻兵棋中)。

2.17.2　Scenario(想定)

- 指推演进行所在的想象环境。

- 一个按时间顺序罗列的,由控制组制定的,预先计划的态势、事件、信息等内容,是为单边推演进行过程中,由参演者面对的需要决策的各种情况。

- 指一种对冲突局势的描述。也称为总体态势。

- 指一种必须由模拟方式呈现的重要系统/参演者的特点,是一个对这些主要系统/参演者之间在一定时间内的能力、行为和关系(对抗)的概念性描述,以及一个对相关环境条件(如地形、大气)的说明。同时还应提供起始和终止条件。

- 指一种对设计出的行动或事件过程的解释或概括,其重点在于战争的战略层次。想定包括威胁和盟友政治军事上的来龙去脉及背景、假设、约束、限制、战略目标以及其他筹划的考虑因素等信息。一个想定旨在展现一个近似真实的挑战,并且有可能并不反映最有可能发生的事件。

- 一种对设置的叙述性描述,包括预设的战略、军事、政治、经济和社会环境,和自然地理环境。它可以是假设的、真实的或两者结合。

- 指一种对推演中所模拟事件(战斗)的完整描述。通常,在一个单独的推演中会下达许多想定。有些是历史性的,允许参演者只应对战斗或战役的一部分,而另一些是"将会怎样"或假设的情况。想定将详细说明所用部队,他们将被部署在哪里,或他们作为增援何时到达。最后给出胜利条件和任何特定的想定规则。
- 一个想定是一种供参演者相互对抗而设置的场景接近真实的描述。一个准备充分的想定可以使参演者搁置他们对想定所描述情况合理性的怀疑。想定制定者创建该想定以支持推演目标。想定提出一个特定态势,使用最少的基本信息来告知参演者推演将要进行的初始条件。推演主办者可以根据其推演目标来下达总体想定。

2.17.3 Scenario Based Game(基于想定的推演)

一个基于想定的推演为参演者提供了一个特定的想定,用其在参演者则检验一个特定的战略问题或议题时引导推演进程。基于想定的推演以当前条件为始,可用于"以智慧走进未来"。根据主办方的要求,推演可能基于一个特定的想定。

2.17.4 Scenario Planning Game(想定计划推演)

想定计划推演是另一种作战推演样式,形式是召集参演者在特定想定的背景中探索一定的问题。

2.17.5 Seminar(研讨会)

研讨会是指一种交换意见的会议,一种专题讨论会议。

2.17.6 Seminar Wargame(研讨性推演/专题推演)

- 指一种主要参演组使用专题研讨形式的推演。
- 对立的参演者们讨论在一个给定形势下可能采取的出棋和反击的结果,并就可能发生的对抗达成一致。控制团队判定这些对抗的结果,并向参演者回复。推演中的每一次"出棋"都会重复这个过程。研讨性推演经常在不同的细节等级上使用不同时间长度的战争阶段走棋。
- 常用于对复杂的、没有完全认识、还在评估之中的对抗。
- 指一种没有角色扮演的兵棋推演。或以每个组作为一个委员会来决定走棋,或由所有参演者决定蓝方和红方走棋以及结果。

2.17.7 Senior Mentor(高级顾问)

高级顾问通常是退役的将领或将级军官、大使、高级政府官员等,他们具有与推演相关的必要经验。此类人员提供推演所需的危机分析、评估、引导或指导。

2.17.8 Showstopper(推演中止)

- 指一方或另一方不能继续推演达到其设计结论的一种意外情况。一次中止可能是由于推演进行的意外或可能出现一个必须查清的系统性问题。必须立即通知高级控制员和CAP团队负责人。中止所有的细节和情形都应记录在案。如果推演必须继续,所有各方应同意一个中止的合理替代方案,然后继续进行推演。在任何推演中,中止都是重要的发现。必须仔细研究它们。对中止武断的、随意的否认或掩饰会威胁到推演的完整性;甚至更恶劣的是导致现实世界中的重大军事失败。
- 在具有可变走棋距离的推演中,中止是指那些可能导致蓝方和/或红方想要调整其走棋的事件。因此,中止事件会在其发生或即将发生时导致该步棋结束。例如,伤亡过重或过轻的情况,可能会促使一方调整其计划。

2.17.9 Simulation(仿真)

- 模型随时间而起的作用。
- 一种随时间使用一个模型的方法。
- 一种各模型随时间动态地相互作用的体系结构。

2.17.10 Single-sided Game(单边推演)

单边推演是指一种包含一个参演小组的单方或一方推演,带有由一个控制组设置的对手,该控制组提出编写好的临机导调想定。

2.17.11 Situation(情况/态势/形势)

- 在一步棋或一个回合开始时,由参演者处置的部分想定。
- 参演者们的行动结果将产生一种新的态势。
- 态势变化,而想定没有变化。

2.17.12 Size and Type of Entities Required(所需实体规模和类型)

所需实体规模和类型指一种代表一个组织、机构或部队(以及相关装备)的实体,其决策可以影响推演的方向,并且需要其在推演中支撑实现目标。它与一场推演中参与各方的数量密切相关。

2.17.13 Space Play(太空推演)

太空推演指那些在推演中与太空行动与维护(转移卫星、发射新的或备用卫星、卫星重新调整姿态)或反卫星行动(击落卫星、干扰上行或下行链路、摧毁地面站)有关的部分。

2.17.14 Socialize(适用性)

适用性指为某一特定目标或为某些用途、事件等预先所做的准备、适应或装备的行为。例如:一个推演可适用于推演的目标或构想以及参演者/用户要达到的目标。

2.17.15 Sortie(架次)

架次指以单架飞机计的单次飞行。

2.17.16 Sponsor(主办方/主办者)

主办方/主办者指代表主办人与WGD推演团队进行讨论的指挥官。该代表必须能够批准有关推演目标、设计、开发和实施的例行决策。

2.17.17 Stakeholder(相关方)

- 指一名分享或有利益的人(在推演中)。
- 相关方包括所有可能影响推演裁决或结果,或受其影响的个人和机构。相关方的特点取决于他们对推演及其结果的关注程度,以及他们影响推演筹划和实施的能力。

2.17.18 Stochastic(随机法)

随机法指一种试图复现现实世界中接近真实结果的裁决方法。例如,如果红方对10架蓝方飞机中的每一架有50%的击落概率,在随机判决下,则为每一次射击生成一个随机数。最常见的结果是,5架飞机将被裁定为被击落,但偶尔出现所有或没有飞机会被裁定为损失的情况。这种方法有时也称为蒙特卡洛法。

2.17.19　Stochastic Model(随机模型)

随机模型指通过使用一个或多个随机变量来表示一个过程的不确定性,以求得结果的一种模型,或其中一个给定输入将根据某种统计分布产生输出的一种模型。(与确定性模型相对应。)

2.17.20　Stochastic Combat Model(作战随机模型)

• 指一种基于使用随机变量来表示损失过程中的不确定性,或根据某种统计分布由一个给定输入产生输出的作战模型。典型的结果是一幅表示所有可能结果的范围及概率的图表。

• 指一种对作战态势的特征、行为或结构的描述,其中结果的计算包括随机变量,且随机变量被定义为一个不以单一数值而以统计分布表示的变量。

2.17.21　Strategic Issues Cell(战略问题小组)

战略问题小组指一种由高衔级参演者和专家组成的专题研讨小组,他们被选来解决CAP计划中的问题和推演中提出,但不会在推演进行中解决的问题。SIC为控制小组工作。它不同于上级机关小组,因为它不直接影响推演进行。

2.17.22　Strategic Wargame(战略推演)

战略推演是一种关于一个主题,结构化的、有引导的专家间对抗,通过增进对相关问题的理解,为未来战略决策提供启迪和帮助。一次推演的结果可以为国家权力手段的施展和准确运用提供深入见解和选择。

2.17.23　Sub‑Objective(子目标)

子目标是指为了达到一个推演目标而必须完成的那些事情。

2.17.24　Subject Matter Experts(主题专家)

主题专家指一些在推演相关学科是专家的参与者。

2.17.25 Support Cell / Team(保障小组/团队)

保障小组/团队保障推演所需的安全、技术和管理人员。

2.17.26 Support Cell / Team Leader(保障组长/队长)

保障组长/队长指向指挥员负责,制定和实施推演保障计划的人员。

2.17.27 Special Situation Brief or Cell Update Brief(特殊情况简报或小组/席位更新简报)

通常在推演开始时或根据情况需要,会给出某一方或某一小组/席位参演者的简报。它包括体现该小组特定视角和形势,以及该小组的特定职能和任务的信息,通常按照"五段"命令格式。

2.17.28 Strategic(战略)

战略指一种处在国家(通常是一个多国集团的成员)级别的战争,决定了国家的或多国的(联盟或联合体)战略安全目标和指导,继而发展和运用国家级资源来实现这些目标。军事单位规模通常为师、军或集团军(按原始兵力划分)。在此规模上,经济生产和外交的意义重大。这一分类通常会动用各交战国所有部门的整体力量,涵盖整场战争或长期战役。

2.17.29 Skirmish(小规模冲突)

小规模冲突以单兵或分队级别呈现,应对伤情和弹药数量进行跟踪。一次推演是由一次小规模交火构成,提供了"人对人"的战斗规模;在现代第一个此类的图上推演,包括"巡逻和狙击手(Patrol and Sniper)"。早期的角色扮演兵棋起源于小规模冲突推演,现在仍有许多在使用。

2.17.30 Semi‑free Adjudication(半自由裁决)

半自由裁决指对抗是通过刚性方法进行评判,但其结果可以由主裁判员修改或否决的裁决方法。

2.18 术语 T

2.18.1 Table Top Exercise(桌面演习)

- 指描绘一场武装冲突的模拟推演。
- 桌面演习是一种基于讨论的推演,参演者坐在桌旁,并相互交流以解决推演的关键问题。虽然没有明确设置为基于回合的推演,但引导员通常会让参演者按照特定的顺序发言,以确定某些决策或行动之间的关系。

2.18.2 Taskers(任务单)

任务单用于不使用详细的走棋表的研讨性推演,也用于没有训练有素的引导员指导参赛者时。对于每一步,参演者都会得到一组"任务单",通常是以预先准备好的简报幻灯片或具体问题的形式出现。一个医疗推演中的任务单的示例如下:

第三步棋

- 任务单(回应在一张单独的幻灯片上每个任务,其中包括走棋)
- 给定第二步棋的结果

你打算对你的医疗行动构想做哪些更改?
哪些资源必须转移,谁来决定?
岸上医疗保障的位置在哪里?
谁指挥他们,防卫、战斗勤务保障和人群控制如何?
伤员运输:谁来实施,怎么进行,去哪里?
配备、卫生员、垃圾搬运员和护送员如何?

2.18.3 Technology Game(技术推演)

技术推演指一种设计目的不是为了深入了解一个特定的形势,而是为了帮助探索一系列技术选择的推演。例如,在某技术推演中,一支蓝方小队可能装备隐形飞机,而另一支蓝方小队则装备有先进的电子战能力。

2.18.4 Terrain(地形)

(在图板或六角格地图兵棋中)在很多情况下,兵棋地图看起来像普通地图,但在所有情况下,它实际上是六角形单元格的集合,每个六角格包含一种精确的地形类型。每一个六角格都有一个主要的物理特征,对进入它的部队的移动和/或战斗有确实的影响。这些地形类型在战术推演中更为具体,而在战略推演中更为概略。例如,在一个战术推演中,会有代表林地,沼泽,沙地或畅通(通畅)区域的六角格。战役级别的推演(每六角格代表10~50 km)将有恶劣地形以及森林和混合(起伏地面和森林)的地形。战略推演(每六角格代表50 km以上)将有两种或三种恶劣地形和无法通行地形等等。河流和溪流通常沿着六角边延伸,以清楚表示部队处在河的哪一边。

2.18.5　Terrain Effects Chart(地形影响图表)

这是任何(棋盘或六角格地图)兵棋都有的重要元素,它显示了在推演中不同类型地形对进入该地的部队移动和战斗所造成的影响。进入不同地形,移动通常按照要求的不同数量的行进点进行修正。在更有利的地形(对防御方而言)上,进攻方攻击防御方的难度不断增加,经常会影响到战斗。也就是说,防御方能够在有利地形中使力量加倍,乃至三倍或四倍。反之,力量在战斗结果表上从3∶1转变为2∶1。

2.18.6　Three Map Problem(三图问题)

在一个封闭推演中,推演指挥必须保持三张地图:地面实况、红方态势图和蓝方态势图。地面实况图显示了所有部队的实际位置和实际状态。红方和蓝方态势图,显示控制组确定的,每一方的态势感知,这样就复现了"战争迷雾"。

2.18.7　Timeframe and Duration(时间表与持续期)

时间表与持续期指推演想定所处的年份或年代以及该想定所涉及的时间。

2.18.8　Time & Move Convention(时间和走棋约定)

时间和走棋约定指在推演中如何把握时间,以及在推演每一步棋中遵循的惯例和程序是什么。时间是连续的、分步的、分阶段的或按事件来把握的。通常各方同时出棋,但也可以采用回合制,或者主动一方不断走棋,直到主动权丧失为止。

2.18.9 Title Ten Wargames(武装部队推演)

- 武装部队推演是一系列由主要军种主办的兵棋推演,解答未来的武装部队职责范围内的战斗力问题,通过组织、训练和装备其部队,履行该军种作为国家军事实力一个组成部分的角色和职能。
- 指美国各军种武装部队为了帮助他们更好地履行其职责,根据美国法典第10卷的规定,组织、训练和装备其部队而进行的推演。这些推演的情况外简报会通常由主办军种的高级军官和几名其他军种上将出席。

2.18.10 Token(标号)

标号也称为"算子"或"单位"。

- 在娱乐性兵棋中,部队是以标号代表的:对于图上推演,惯例是使用 $\frac{1}{2}$ 英寸见方的卡片,适当涂色和标记,来代表从单个士兵到全部军团的任何东西(参见比例尺)。标号包含若干信息的棋子:代表部队、部队番号的图形或图片,以及代表进攻、防御和移动因素的两个或多个数字。(参见图上推演算子/筹码)
- 标志,象征。
- 一些机构对标号和筹码的定义不同:标号代表实力、实物、设施或其他需要在推演图板上物理表示的东西,而筹码则严格代表推演单位。

2.18.11 Toolboxes or Toolkits(说明书)

说明书指推演中所使用的包含单页的系统和主要终端零件的说明的实体复制品或电子手册。

2.18.12 Topics of Interest(关注课题)

关注课题,也称为关注领域,是关于主办方或相关方希望参演者在推演中处理的一定领域或问题的各个次级目标。满足关注课题对推演的成功来说并不关键,但是,如果可行,关注课题会包含在推演设计中。关注课题应由CAP计划审查,如有可能,还应包括在问卷调查和线下小组讨论中。

2.18.13 Trusted Agents(可信人)

- 指持有由控制组提供,仅在特定情况下才披露的保密信息的参演者。

- 指拥有对推进推演进行和达成目标具有必要性的保密信息的参演者。

2.18.14　Turn‑based Wargame(回合制推演)

回合制推演是指,一种蓝方和红方只能在短时间影响推演进程的推演方式。理想情况下,一次推演应该按照真实世界的决策周期,给出参演者的各个回合以相同的时间间隔。战略和战役推演通常是回合制的。

2.18.15　Two‑sided Game(双方推演)

与1方、$\frac{1}{2}$方的推演相比,双方推演包含两个分立、对抗的参演小组。双方推演按照规则进行,从限定规则到完全自由有不同的实施方法。每个参演小组的决策都会得到裁决,结果会呈现给参演者,并用于影响后续推演的进行。

2.18.16　Type(s) of Operation(作战/行动类型)

作战/行动类型指推演的一种或多种作战行动。此次作战是两栖作战、非战斗人员撤离、救灾(行动)、外交谈判、维稳行动等等吗?可能需要一种以上类型的作战(行动)。

2.18.17　Tactical(战术)

战术指战争的级别,是指为实现指派给战术分队或特遣部队的军事目标,而计划和实施的战斗和交战。参战单位范围从单台车辆和班到排或连,并由单个武器的类型和射程来衡量。一支独立部队,有时会有其他部队介入,通常将负责模拟的单场战斗或大规模战斗的一部分。此类兵棋的例子有"大战回忆录(Memoir '44)"和"战争尘埃(Dust Warfare)"。

2.19　术语 U

2.19.1　Umpire(裁判员)

- 指履行下列一项或多项职责的控制小组成员:监控参演者的行为,评估对抗,以及向参演者提供情报。
- 指一名有权仲裁并作出最终决定的人。

2.19.2　Umpiring, Free(自由裁判)

自由裁判指对抗的结果由裁判员根据其专业判断力和经验来确定。

2.19.3　Umpiring, Rigid(刚性/规则裁判)

对抗的结果由裁判员、仿真设备或计算机根据预先确定的规则、数据和流程确定。

2.19.4　Unit(单位,部/分队)

单位,部/分队是一个常见术语(连同术语"算子"),代表一个军事建制的推演棋子(或图形符号)。战场军事部分队有以下几种规模:

- 单兵。
- 火力组。辖3~6人。
- 班。辖8~16人(通常每班有2/3个火力组)。
- 排。辖30~60人(3个班)。
- 连。辖3或4个排(100~300人)。
- 营。辖3或4个连(400~1 200人)。
- 团或旅。辖3或4个营(1 200~5 000人)。团和旅的主要区别是,旅往往比团稍大,能够独立作战,而团通常是师的一部分。
- 师。3或4个团或旅组成一个师(6 000~20 000人)。
- 军。2到4个或更多的师为一个军,辖20 000~70 000人。
- 集团军。2个或2个以上的军组成一个集团军(50 000~250 000人)。
- 集团军群。2个或2个以上的集团军为一个集团军群。

2.20　术语V

2.20.1　Vignette(局部想定)

- 指对一个形势的简要描述性的梗概。它是指一个微小想定,局限于非常具体和有限的态势。一个局部想定可以是一个更大想定的子集。
- 微小想定,通常用于在一个战役过程中向前跳跃,以使推演可对战役中的关键时刻进行研究,其实时性低于在整个战役持续时间内进行推演所需的实时性。

2.21 术语 W

2.21.1　Wargame　(兵棋推演/兵棋/推演)

兵棋推演/兵棋/推演指一种模拟的战斗或战役,旨在检验概念设想,而非检验部队技能,或检验部队或装备的适应性,通常以会议形式进行由军官充当各对抗的成员。

此术语有许多不同的定义和用法,并有三种不同的拼写方式:wargame,war game,war-game。

2.21.2　Wargame / Design Brief(推演/设计简报)

推演/设计简报是指关于推演的目标、结构、组织、日程和流程的简介。此简报通常在情况简报的末尾给出。推演简报可以包括总体态势简报。

2.21.3　Wargame Limitations(推演限度)

推演限度是:假定、约束、限定和限制因素(见 Game Assumptions,推演假定)。

2.21.4　War-gamer(兵棋推演人员)

兵棋推演人员指参加推演的人。

2.21.5　Wargaming(推演)

- 指一种逐步地行动、反应和反击的过程,用于将每一个己(友)方行动方案的执行与敌方的行动和反应方案形象化。它探讨主要计划的可能的各分支和后续部分,从而得出最终计划和关键行动的决策点。
- 指一种复现对抗或冲突态势的过程,此过程中,相对抗的参演者们根据自己的形势和意图,以及有关对手的态势、意图和先前决策的情报(通常是不完整的)制定决策。其含义包括人自始至终的参与,两支或两支以上敌对力量间的对抗,并由预先确定的规则、数据和流程指导。
- 推演是一种在信息不完整且不完善的状态下探索决策制定可能性的

工具。
- 推演是对一个对抗或冲突形势的人工重现。它始终涉及人的参与,并围绕两个或多个对立力量的对抗,由预定的目标、规则、数据和流程指导,旨在描述一个实际或假定的现实情况。
- 推演-模拟的(作战)行动,包括人员、规则、数据和流程,用以描述一次实际或假设的情况。

2.21.6　White Cell(白方小组)

这个术语有许多不同的定义和用法。
- 指一个演习控制小组。
- 指一个推演控制小组。
- 通常情况下,作为评估/裁决团队,但也可能充当上级指挥部或管理部门。
- 指负责推演技术方面的小组人员。
- 代表关键机构但不参与推演的推演工作人员,但其给与的信息对推演至关重要。
- 指几个小组的集合,包括控制小组、CAP 小组、主题专家和保障小组。允许推演成员在空间和人员有限时充当多个角色。

注:2015 年 9 月,在匡提科(Quantico)基地的《地面勇士 2015》兵棋推演中,需要大量的主题专家。实际上是从控制小组中分离出来如此之多的小组,组成了自己的"白方"小组。

- 是指联合和训练司令部的一个常设部门,负责计划和指导演习和推演。
- 是指一个由演习或实验主任领导的小组,监督推演事宜并负责确保达到培训和分析要求。该白方小组搭建演习/实验环境,以及设置待训练或待研究的战术条件[即根据陆军通用任务清单(AUTL)或联合任务清单(JTT)],并确保演习/实验事宜支持分析数据采集和管理计划。作为蓝、红两军间争议的裁决者,并监督和控制仿真无法提供的想定事件(通过 MSEL 临机导调)的引入。在演习中,白方小组和演习控制组的职能可以结合或分离。在一项实验中,他们是明显不同的群体。

2.21.7　Workshop(研讨会)

- 研讨会组织主题专家(SME)们聚集一起讨论一个问题。研讨会具有一个有限的、独立的重点,并且往往作为一个推演设计的后续活动加入的内容。

• 一次研讨会组织一组主题专家讨论一个特定的问题或议题。研讨会的重点通常较狭窄,并且意在得到一个不关联的结果,如一个模型或框架,供研讨会发起人进一步审查。一次研讨会还可能导致对某个特定问题的更深入的了解,然后可在之后另一次推演中进行检验。

2.22 术语 Y

2.22.1 Yellow Cell(黄方小组)

黄方小组指包含政府间组织(IGO)或非政府组织(NGO)的小组。这个术语用于英国和欧洲参演者。(在黄色和绿色小组间区分政府间组织、非政府组织、平民和东道国,可能会给推演设计者带来更多的灵活性,并减少混淆许多标记为"绿色"的实体的可能性,见 Green Cell,绿方小组。)

2.23 术语 Z

2.23.1 Zone of Control(控制区域)

• 指围绕一个单位周围的 6 个六角格(在六角网格地图上进行)。
• 指围绕一个单位的影响范围。通常定义为 6 个相邻的六角格。理论上,在一个给定的推演系统中,控制区域的确切特征可以通过使用一组形容词来描述,可从下面的每组中选取一个:
• Effect on Movement(对行进的影响):
§ Locking(锁定)。各单位必须在进入敌人控制的六角格时停止,只能在有战斗结果后离开。
§ Rigid(严格)。各单位必须在进入敌人控制的六角格时停止,并且只能在一个行进阶段开始时离开。
§ Elastic(弹性)。各单位可以通过付出额外行进代价进入或离开敌人的控制区域。
§ Open(开放)。控制区对行进没有影响。
• Effect on Combat(对战斗的影响):
§ Active(积极)。要求在该战斗阶段进攻本方控制区域内的任何敌军单位。

§ Inactive(消极)。没有对进攻做要求。

- Effect on Supply Line and Retreat(对补给线和撤退的影响)。

§ Interdicting(禁行)。禁止通往敌方控制的六角格的撤退或补给路线,无论友军是否存在。

§ Suppressive(压制)。不会以任何方式影响补给或撤退路径。

例如:一个严格、积极、压制的控制区域。请注意,如果各单位有一个开放、消极、自由的控制区域,那么实际上它们没有控制区域。

参 考 文 献

[1] 何昌其.打破"头脑"方阵[M].北京:航空工业出版社,2018.
[2] 王志闻.兵棋推演演变[M].北京:国防大学出版社,2020.
[3] 王志闻.兵棋推演艺术[M].北京:国防大学出版社,2013.
[4] 尹俊.兵棋推演与领导决策[M].北京:国防大学出版社,2013.
[5] 黄承静,魏佳宁,姜百汇.预己从严:兵棋推演及其应用[M].北京:航空工业出版社,2015.
[6] 齐胜利.战略推演论[M].北京:国防大学出版社,2020.
[7] 陈少飞,苏炯铭,项凤涛.人工智能与博弈对抗[M].北京:科学出版社,2023.